205

BENVENUTO

OPÉRA

Représenté pour la première fois, à Paris, sur le Théatre National de l'Opéra-Comique, le 3 décembre 1890.

———

Mise en scène de M. Charles PONCHARD,
directeur-général de la scène à l'Opéra-Comique.

[ ] Tous les passages enfermés entre ces signes n'ont pas été mis en musique.

Y^Th.

Benvenuto

OPÉRA
EN QUATRE ACTES, SIX TABLEAUX

PAROLES DE

M. Gaston HIRSCH

Musique de M. Eugène DIAZ

PARIS
TRESSE & STOCK, ÉDITEURS
8, 9, 10, 11, Galerie du Théâtre-Français
PALAIS-ROYAL
—
1891

PERSONNAGES

BENVENUTO CELLINI, orfèvre et
  sculpteur de Florence. . . . . MM. RENAUD.
POMPEO GUASCONTI, sculpteur de
  Bologne, aux gages de Cosme de
  Médicis. . . . . CARBONNE.
DE MONTSOLM, seigneur de la cour
  de France, plus tard ambassadeur
  de François Ier à Rome . . . . LORRAIN.
ANDREA, jeune florentin . . . . CLÉMENT.
ORAZIO, jeune bolonais . . . . BERNAERT.
COVERSINI, évêque de Jesi, gouver-
  neur de Rome. . . . . MARIS.
DE CAGLI, juge des causes criminelles. GILIBERT.
LE DUC COSME DE MEDICIS. . .   LONATI.
LE CHEF DU GUET . . . .   THIERRY.
PASILÉA GUASCONTI, sœur de
  Pompeo. . . . . Mme DESCHAMPS-JEHIN.
DELPHE, fille de De Montsolm.. . . . . Mlle YVEL.

Les chefs de quartier ; jeunes gens et jeunes filles de Florence;
Bolonais ; cardinaux, seigneurs, personnages du cortège de
Médicis; sbires, arquebusiers ; hommes et femmes du peuple.

La scène se passe en 1538: les deux premiers actes à Florence;
les deux derniers à Rome, sous le pontificat de Paul III.

BENVENUTO

ACTE PREMIER

Le théâtre représente un carrefour de Florence, au xvi° siè-
cle. A droite, la demeure des Guasconti. La porte praticable est au premier plan. A gauche, une église dont le
portail est également au premier plan. Au lever du rideau,
Pasiléa franchit le seuil de sa demeure avec Pompeo qu'elle
entraîne vers la place. Il est matin.

SCÈNE PREMIÈRE

PASILÉA, POMPEO.

SCÈNE ET DUO.

PASILÉA.

Oui, de Benvenuto connais donc la fortune !
Tandis que vers Bologne un ordre bien préis.
Mon frère, te chargeait d'une tâche importune,
Ton maître astucieux, l'illustre Médicis,
Jetait à pleines mains ses faveurs les plus chères...

1

POMPEO.

Sur mon rival ?

PASILÉA.

Sur lui, sur Cellini !

POMPEO.

Le Ciel
N'a-t-il pas dans mon âme assez versé de fiel !
Pourquoi, Pasiléa, ces nouvelles amères
Me les réservais-tu ?...

PASILÉA, avec ironie.

Pour fêter ton retour
Et par un noir début marquer un si beau jour !
Viens !

L'amenant vers la place.

Vois-tu ces apprêts ? Et ce dais magnifique,
Ces vases, ces gradins, ces fleurs sur le Portique
Où jadis tout Florence acclamait son tribun ?

POMPEO.

Le peuple avait des droits ; il n'en a plus aucun !
Fatigué des combats, des luttes, du carnage,
Il sut perdre sa liberté
Quand des arts Médicis lui parla le langage
Et lui rendit l'amour de l'antique beauté.

PASILÉA, avec intention.

Ce chef que l'orgueil enivre,
Ce peuple charmé, séduit,
Ces Florentins fiers de vivre
Et de s'enchaîner pour lui...

Ah ! sais-tu qui les enflamme,
Les éblouit, Pompeo ?
Le sais-tu ?... La foule acclame
Ton rival Benvenuto !
A l'appel de son Duc, aux yeux de l'Italie,
Il viendra, dès ce jour, gonflé d'un juste orgueil,
Recueillir ces lauriers...

POMPEO, avec animation.

Tais-toi... tais-toi !... Remplie
Est ma pensée et d'angoisse et de deuil !
Mon âme se ranime, ivre
D'un désir trop combattu.
Devant l'assaut qu'il me livre
Se ternira ma vertu !
Et vous, que la raison blâme,
Haine !... envie !... Ah ! Pompeo
Vous abandonne son âme,
Livrez-lui Benvenuto !

PASILÉA.

L'œuvre de ton ciseau, ce marbre où ta pensée
Se grave avec amour,
Ne verra pas le jour !

POMPEO.

Achève !

PASILÉA.

Aux yeux du peuple on livre le Persée !

ENSEMBLE.

Son
Mon âme se ranime, ivre
D'un désir trop combattu.

Devant l'assaut qu'il lui me livre

Se ternira sa ma vertu !

Et vous, que la raison blâme,
Haine !... envie !... Ah ! Pompeo
Vous abandonne son âme,
Livrez-lui Benvenuto !

CHŒUR DE BOLONAIS.

(Dans le lointain).

O ma patrie,
Terre chérie,
Que sous tes cieux
Puissent mes yeux
Revoir encore
Briller l'aurore
Sur tes lacs bleus !

PASILÉA.

Ces chants, quels sont-ils, frère ? Ecoute.

POMPEO.

Le chant de mon pays !...
Ah ! ce sont mes amis.

PASILÉA.

Sont-ils pour Cellini ?

POMPEO.

J'en doute.

PASILÉA.

Rejoins-les donc ; sache, en comptant leurs bras,
A l'heure du danger, s'ils ne faibliraient pas,
S'ils sauraient nous défendre !...
Et puis, pendant la fête, ici, songe à m'attendre.

Pompeo s'éloigne. Seule.

Benvenuto ! perfide amant,
Qu'as-tu fait de la foi jurée ?
Tu m'aimas, tu m'as adorée...
Ah ! vois ta victime éplorée
Faiblir au dernier moment !

Je veux te revoir ! mais comment ?...
Ta coupe d'or que j'ai ravie,
Objet d'une amoureuse envie,
Sera messagère de vie
Ou signal de châtiment !

Pasiléa entre à droite dans sa demeure.

SCÈNE II

JEUNES GENS DE BOLOGNE ET DE FLORENCE, arrivant
par la place du Grand-Duc, puis POMPEO.

CHŒUR DES BOLONAIS.

ORAZIO, en tête.

Reprise du chœur lointain.

O ma patrie,
Terre chérie,

Que sous tes cieux
Puissent mes yeux
Revoir encore
Briller l'aurore
Sur tes lacs bleus !

CHŒUR DES FLORENTINS.

ANDREA, en tête.

Fête nouvelle
Où se révèle
L'art radieux,
Livre à nos yeux
Ces fiers ouvrages,
Que nos hommages
Montent vers eux !

ENSEMBLE.

CHŒUR DES BOLONAIS.	CHŒUR DES FLORENTINS.
O ma patrie,	Fête nouvelle
Terre chérie,	Où se révèle
Etc...	Etc...

ORAZIO, avec humeur.

Ils sont pour Cellini !

ANDREA, à ses amis.

Plaçons sous le Portique
Nos quatrains, nos sonnets !

ORAZIO, à Andrea.

Ah ! de grâce, permets :
J'ai moi-même un quatrain...

TOUS.

Qu'il nous le communique !

ORAZIO, déployant un papier. Avec ironie.

QUATRAIN.

Tes vignes seront d'or et d'ambre tes moissons,
Florence ! un astre vient de naître ;
Le soleil peut déposer ses rayons,
Persée ici-bas va paraître !

UN JEUNE HOMME, à Andrea.

Entends cet insolent quatrain !

ANDREA.

Je le méprise.

LE JEUNE HOMME.

Pour Cellini vois leur dédain ;
Frère, improvise !

QUATRAIN.

ANDREA, défiant Orazio du regard.

Divin Phidias, des fiers Athéniens
L'orgueil et l'idolâtrie,
Enseigne donc aux modernes païens
Que l'Art n'a point de patrie !

ENSEMBLE.

ORAZIO.

Tes vignes seront d'or et d'ambre tes moissons,
Etc.

ANDREA.

Divin Phidias, des fiers Athéniens
Etc.

LES FLORENTINS.

Vive Benvenuto !

LES BOLONAIS.

Honneur à Pompeo !

LES FLORENTINS, menaçants.

Vraiment c'est trop d'audace !
Allons, faites-nous place
Au premier rang !

LES BOLONAIS.

Non, non ! sous la menace,
Mon cœur étreint se glace
Et veut du sang !

CHŒUR GÉNÉRAL.

Du sang ! du sang ! nouvelle injure !
L'insolent ici tombera !
Par l'enfer ! je le jure,
De lui le fer me vengera !

Ils dégainent.

Oui, par l'enfer !
Fer contre fer !
En garde !
Que Dieu nous garde !

POMPEO, *accourant par le fond.*

Arrêtez !

Aux Bolonais.

Qui de vous, perdant sa dignité
Et le respect qu'attend cette noble cité,
Ose à la main mettre le glaive !

Aux Florentins.

Point de discordes, faisons trève...

Avec intention.

Nous nous retrouverons bientôt, j'en ai l'espoir.
Les Florentins sortent lentement par le fond. Aux Bolonais,
à voix basse.

Votre courroux est légitime !
La colère qui vous anime
S'éteindra dans le sang de l'un d'eux, dès ce soir...
Mais le voulez-vous ?

TOUS.

Oui.

POMPEO.

Si j'offre à votre haine
Le chef audacieux, le maître qui les mène,
L'immolerez-vous ?

TOUS.

Oui !

ORAZIO.

Son orgueil trop longtemps
A révolté nos esprits mécontents.

POMPEO.

Eh bien ! que votre main s'apprête !
Que le devoir

Vous lie à moi pendant la fête...
Puis, à ce soir !

TOUS.

Ce soir !

POMPEO.

Seigneur, toi qui punis le crime,
Miséricorde pour moi !
Que la vengeance légitime
Trouve grâce devant toi !

Benvenuto paraît au fond, couvert d'un manteau, la barrette abaissée sur les yeux.

LE CHŒUR ET POMPEO.

Seigneur, toi qui punis le crime,
Miséricorde pour moi !
Que la vengeance légitime
Trouve grâce devant toi !

Ils se dispersent. Pompeo entre à droite, dans la demeure
de Pasiléa.

SCÈNE III

BENVENUTO, seul.

RÉCITATIF.

Que parlent-ils de mort ! Dans leur coupable audace
Quel est l'infortuné que leur poignard menace ?
(Frappé d'une idée subite.)
Pasiléa !... ton frère était au milieu d'eux !...
Quels soupçons !... quelle injure à ton cœur généreux,
Trop clairvoyant, hélas ! « Ta flamme,
« Me disais-tu, n'est pas l'enivrement

« Qui dans le ciel transporte l'âme :
« C'est un mirage, un fol entraînement ! »
Tu disais vrai... L'artiste seul t'admire.
Jaloux de conserver à l'immortalité
Ta saisissante image et ta fière beauté,
  Son ciseau de toi s'inspire !...
  Mais mon amour, Delphe, est à vous ;
  A vous, ma chaste fiancée,
  Mon cœur, ma vie et ma pensée,
  Delphe, que j'adore à genoux !

SCÈNE IV

BENVENUTO, DELPHE, paraissant à gauche
accompagnée par deux femmes de sa suite.

DUO.

BENVENUTO.

Delphe !... A cette heure, ici ?...

DELPHE.

                    J'allais à la prière...
Echappée un instant aux regards de mon père,
... Remercier le ciel de notre heureux destin ;
Aujourd'hui le triomphe...

BENVENUTO.

              Et notre hymen demain !

DELPHE.

Enfin, mon père obtient de François, Roi de France,
Son maître, le séjour d'une année à Florence.

BENVENUTO

BENVENUTO.

Quand sur les rives de l'Arno
Je vous vis pensive, attendrie,
Pour l'amour de Benvenuto
Abandonner votre patrie,
     J'aimais la vie !

Quand votre main presse ma main,
Je sens en mon âme ennoblie
Naître un courage surhumain,
Les désespoirs, je les oublie,
     J'aime la vie !

DELPHE.

Un solitaire passereau
Chantait la nuit pendant mon rêve :
« Ton amour t'ouvre le tombeau ;
« Ah ! que vers Dieu ton cœur s'élève ! »

BENVENUTO.

     C'était en rêve !

DELPHE.

« Veille sur toi, me disait-il,
« Sur ton époux veille sans trêve,
« Pour lui redoute le péril !... »
Ah ! tu succombais sous le glaive !

BENVENUTO.

     C'était en rêve !
Ciel !... tu m'aimes !... ce cri d'amour...

DELPHE.

               Ce cri d'effroi...

BENVENUTO.

M'enivre, me ravit !

DELPHE.

Dit assez mon émoi !

ENSEMBLE.

BENVENUTO.

O céleste délire !
Ta tendresse m'inspire,
Et ma voix peut te dire,
Ange envoyé du ciel :
De tout danger mortel
Tu sauveras ma vie ;
Près de toi je défie
Et la haine et l'envie !

DELPHE.

Vision ou délire,
Ma tendresse m'inspire,
Et ma voix doit lui dire :
Te préserve le ciel
De tout danger mortel !
Dieu ! conservez sa vie !
Permettez qu'il défie
Et la haine et l'envie !

A la fin de l'ensemble, au loin, Voix des gens du peuple.

Au cortège !

BENVENUTO, pressant Delphe dans ses bras.

Voici le peuple ; adieu ! Je rejoins mes amis !

DELPHÉ.

Que le ciel nous protège !

Elle sort à gauche, suivie de ses femmes ; Benvenuto par le fond.

LE CHŒUR, au loin.

Au cortège ! au cortège !
Et vive Médicis ! !

Changement à vue.

SCÈNE V

La place du Grand-Duc. Au fond, à gauche, le Palazzo-Vecchio. Aux premiers plans, à gauche, s'élève un dais écarlate, avec gradins, fleurs et oriflammes. A droite, la grande façade de l'hôtel Guasconti avec une loggia praticable ornée de tentures. A droite, au troisième plan, porte du palais de Cosme de Médicis, et plus loin, du même côté, la Loggia d'Orcagna (Portique) avec ses élégantes arcades. Sous la dernière, la statue en bronze du Persée avec le piédestal orné de couronnes et de palmes. La statue tient à la main la tête de Méduse dont le corps se tord sous les pieds de Persée. Fanfares et marche. La porte du palais de Cosme de Médicis donne passage au cortège suivant : Un peloton de sbires armés de piques et de pertuisanes repousse la foule qui se place sur les côtés du théâtre. Peloton des Arquebusiers. Le Conseil des Huit. Les clercs de la Chambre. Professeurs, étudiants de Pise et de Sienne. Jeunes hommes avec des violes, jeunes filles avec des luths et des fleurs. Entrée par le fond d'Andréa et des Florentins ; par la droite, d'Orazio et des Bolonais, puis de Benvenuto par le fond, à gauche.

SCÈNE VI

LES MÊMES, DE MONTSOLM et DELPHE paraissent au fond à droite avec leur suite ; COSME DE MÉDICIS, pages, seigneurs, gentilshommes et dames de sa cour par la droite, troisième plan.

* [ANDREA, à la tête des jeunes Florentins, à Benvenuto.

Nobles temps, heureux âges !
Ma voix
T'offre nos fiers hommages,
Les bois
Leur agreste couronne !
Reçois
Ces palmes qu'on ne donne
Qu'aux rois !

Il dépose couronnes de feuillages et palmes au pied de la tribune.

TOUT LE PEUPLE.

Nobles temps, heureux âges !
Sa voix
T'offre nos fiers hommages,
Les bois
Leur agreste couronne !
Reçois
Ces palmes qu'on ne donne
Qu'aux rois !

* Passage supprimé jusqu'au signe

LES JEUNES FILLES.

Tressez une couronne,
    Mes sœurs !
Que l'une à l'autre donne
    Ses fleurs ;
Du front rendez-la digne
    Enfin
Où l'art a mis son signe
    Divin !

Elles déposent les fleurs au pied de la tribune.

CHŒUR GÉNÉRAL.

    Vois la couronne
Que tout un peuple ici te donne !
Cellini, pour toi l'honneur,
 Pour toi la gloire et la splendeur !
    O divin maître
Que l'Italie aura vu naître,
    Par ton art seront bénis
Ton nom, Florence et Médicis !

DE MONTSOLM.

Je ne puis dire sous quels charmes
Un tel spectacle s'offre à moi,
Moi qui dans les camps et les armes
Passai ma vie avec mon roi !
O mon seigneur, ô mon cher maître,
Protecteur des arts, tes féaux,
Ta noble cour devront connaître
Un tel homme et de tels travaux !
Toi, ma fille, bientôt j'espère
Tu m'apprendras à le chérir...

DELPHE.

Mon époux ?

DE MONTSOLM.

Lui-même !

DELPHE.

O mon père,
D'ivresse je me sens mourir !

CHŒUR GÉNÉRAL.

Vois la couronne
Que tout un peuple ici te donne ! etc.

SCÈNE VII

Les Mêmes, PASILÉA, POMPEO

Dans la loggia, à droite, à demi-cachés sous les tentures (1)

PASILÉA, à Pompeo, soulevant les tentures de sa loggia.

Va ! tu connais mon tourment !...
Sa coupe d'or que j'ai ravie,
Objet d'une amoureuse envie,
Sera messagère de vie
Ou signal de châtiment !

1. Position des personnages. — Pasiléa, Pompeo dans la loggia, à droite du spectateur. — Orazio et les Bolonais, sous la loggia. — Cosme de Médicis, Benvenuto au milieu de la scène. — Delphe et de Montsolm à gauche. — Dans le fond, la suite de Médicis et le peuple.

COSME DE MÉDICIS, debout, au peuple.

Ton prince, ô peuple de Florence,
          Veut à son tour
A l'artiste, au génie offrir sa récompense...

BENVENUTO, se courbant devant Médicis.

Altesse !...

MÉDICIS.

Il l'attache à sa cour :
                              A Benvenuto.
Cellini, mon palais deviendra ta demeure...

PASILÉA, à Pompeo.

Il a brisé ma vie, hélas !

POMPEO, à part.

                    Je veux qu'il meure,
L'infâme !

PASILÉA.

Pompeo, porte-lui cet écrin ;
J'ai placé sur la coupe un écrit de ma main.

MÉDICIS, à Benvenuto en lui présentant un parchemin et
    un collier qu'un page apporte sur un coussin.

Reçois, Benvenuto, tes Lettres de noblesse,
Ce collier...

POMPEO, quittant la loggia.

O supplice !

MÉDICIS.

Et cinq mille écus d'or !

BENVENUTO, avec émotion et surprise.

Le triomphe !...

Regardant Delphe.

Et l'amour !... O jour plein d'allégresse
Que peut-il me manquer encor !

POMPEO, à part, sur la scène.

Pour frapper le superbe, il n'est point d'autre voie !
Il passe devant les Bolonais et fait présenter à Benvenuto
par un page l'écrin ouvert.

BENVENUTO.

Ma coupe !... Cher bijou, Pasiléa t'envoie !...
Parcourant des yeux le billet que contenait l'écrin.
Quoi ! ton cœur me pardonne !... et tu m'attends ?...

Au page.

J'irai...

Ce soir.

DELPHE, s'est approchée pendant la lecture. A part.

Grand Dieu !

Dans le plus grand trouble.

Mon rêve !...

Avec résolution, désignant Benvenuto.

Eh bien ! je te suivrai.

BENVENUTO, élevant la coupe.

O ma coupe mignonne,
Tu reviens donc enfin, volage ? Va,

Cette fois je te donne...

Entrée de Pasiléa qui a quitté sa loggia.

Quand sa bouche t'approchera,
Parle de mon amour, dis toute ma pensée
A Delphe de Montsolm, ma belle fiancée !

Il met un genou à terre et place la coupe dans les mains de Delphe.

POMPEO ET TOUT LE CHŒUR.

Sa fiancée !

PASILÉA, sur la scène, à part, les yeux sur Benvenuto.

Aveux effroyables pour toi !

DELPHE, à part, donnant la coupe à l'une de ses femmes.

Ah ! je tremble qu'en France elle arrive sans moi (1) !

OCTUOR AVEC CHŒUR.

DELPHE.

Dieu protecteur, j'ai su lire en mon rêve !
Veille sur lui, sur ses jours, disait-il ;
Sur ton époux veille sans trêve,
Pour lui redoute le péril !

BENVENUTO.

Ah ! d'un beau rêve
Suis-je bercé ?...
Mon cœur s'élève,
Mon cœur est embrasé !

1. Cette coupe appartient au Musée du Louvre. Elle est placée dans la galerie d'Apollon.

BENVENUTO ET DELPHE.

Pour nous, Seigneur, que ta bonté suprême,
Que ta bonté soit un appui !
Mon cœur, ma foi sont pour elle aujourd'hui...
Je l'aime !
Mon cœur et ma foi sont à lui...
Je l'aime !

Ensemble

DE MONTSOLM, MÉDICIS, ANDREA et CHŒUR DES FLORENTINS.

Seigneur, sous le charme d'un rêve,
D'illusions est-il bercé ?
Ne l'éveille pas ; qu'il achève
Le beau songe commencé.

PASILÉA, POMPEO, ORAZIO et CHŒUR DES BOLONAIS.

Seigneur, toi qui punis le crime,
Miséricorde pour moi !
Que la vengeance légitime
Trouve grâce devant toi !

Rideau.

ACTE II

Le théâtre est partagé en deux parties. A droite, une rue de Florence descend vers l'Arno. A gauche, la demeure des Guasconti, vue du côté des jardins qui occupent les premiers plans. Un large escalier en pierre les relie à une galerie ouverte, à colonnes, faisant face au spectateur. L'extrémité de gauche de cette galerie tient aux appartements. A l'extrémité de droite, on voit une fenêtre dont le balcon fait saillie sur la rue. Celle-ci est séparée des jardins par une grille garnie de feuillages, au milieu de laquelle est une porte dérobée. La nuit est très claire.

SCÈNE PREMIÈRE

PASILÉA, descendant l'escalier, avec agitation.

RÉCITATIF ET AIR.

Il l'aime ! il l'aime !... Elle, sa fiancée !

Avec amertume.

Et j'espérais !... Amante délaissée,
Oui, j'espérais encore, et me voici ce soir
Avec ma honte, hélas ! livrée au désespoir.
A l'aurore de ma vie,
Instant suprême où tout sourit,
Où l'âme chaste et ravie
Comme la fleur s'épanouit,

Tu parus... et ma tendresse
S'exhala dans un cri d'amour ;
Tu parus... et ma jeunesse
Fut dévorée en un seul jour !
Que dis-je !... Au souvenir d'un passé plein de charmes,
Je sens mon cœur faiblir et mes yeux fondre en larmes !
O tourments, ô douleur !
Perdre à la foi· l'amour, et l'espoir, et l'honneur !

Au loin, VOIX de jeunes filles descendant l'Arno en gondole.

Gardez-vous, jouvencelles,
D'amour, de ses traits inhumains ;
Si pour frapper il a deux mains,
Pour fuir il a deux ailes.

PASILÉA, s'animant par degré.

‐ Ces chants !... Ils sont en fête !... Et moi,
Moi, la douleur m'accable...
Que ma haine implacable
Atteigne le coupable
Par qui je meurs !... En vain l'effroi,
Pasiléa, te glace ;
Rappelle en toi l'audace
De ta vaillante race,
Pasiléa, relève-toi !!

Haine, ici, viens à mon aide !
Venge-moi de l'inhumain ;
Qu'il périsse de ma main,
Qu'il périsse, s'il ne cède !
J'en fais le serment sur la Foi,
Il faut qu'il meure devant moi !

Elle sort de scène par le massif à gauche.

SCÈNE II

LES JEUNES FILLES des campagnes environnantes, revenant
de l'Arno ; JEUNES GENS sur les bords du fleuve.

LES JEUNES FILLES.

Voici la fin du jour,
C'est l'heure du retour...

LES JEUNES GENS.

Ce sont elles !

LES JEUNES FILLES.

Laissez-nous !

LES JEUNES GENS.

Les cruelles !

CHŒUR
De jeunes filles et de jeunes gens.

Gardez-vous, jouvencelles,
D'amour, de ses traits inhumains ;
Si pour frapper il a deux mains,
Pour fuir il a deux ailes.

LE CHEF DU GUET, au fond.

De par l'ordre des Huit,
Qu'après les jeux, la foule
Paisiblement s'écoule
Par la Porte Romaine ouverte cette nuit !

LE CHŒUR, voyant s'avancer le Guet.

Allez, enfants, le guet arrive,
Quittez la rive
Et ses roseaux ;
Amour a froid au bord des eaux.

CHŒUR GÉNÉRAL.

Le guet arrive,
Quittons la rive ;
Voici la nuit.

LE CHEF DU GUET, sur la scène.

De par l'ordre des Huit,
Qu'après les jeux, la foule
Paisiblement s'écoule
Par la Porte Romaine ouverte cette nuit !

LE CHŒUR.

La brume arrive,
Quittons la rive ;
Voici la nuit.

Tous s'éloignent. La rue devient déserte.

SCÈNE III

BENVENUTO, puis PASILÉA.

DUO.

Benvenuto paraît à gauche dans la galerie, couvert d'un manteau et la barrette à la main. Aux domestiques qui portent des flambeaux et se retirent après l'avoir introduit.

2

BENVENUTO.

Prévenez sur-le-champ votre jeune maîtresse !

Il s'arrête, promène un regard profond sur tout ce qui l'entoure, jette son manteau sur la balustrade, et descend lentement l'escalier de pierre.

Ce silence m'étonne... et l'air ici m'oppresse !...
L'aspect de ce lieu calme aurait-il le pouvoir
De troubler mes esprits au point de m'émouvoir ?

Apercevant Pasiléa qui entre par le massif de gauche.

C'est elle !

PASILÉA, à part, avec déchirement.

Je tremble ! Ah ! je me trahis moi-même !
Ma haine disparaît devant celui que j'aime !...

BENVENUTO, avec douceur.

Pasiléa !

PASILÉA, à part.

Sa voix si chère ! A ses accents,
Un trouble in‑‑primable, ô ciel ! glace mes sens.
Si je pouvais mourir !...

BENVENUTO.

Pasiléa, j'arrive
Rempli d'une espérance aussi pure que vive,
Et le cœur pénétré d'un message si doux.
Qu'attendez-vous de moi ? Puis-je trouver en vous
Une sœur, une amie ?

PASILÉA.

Une sœur, une amie !
Il m'offre sans trembler ce pacte d'infamie !

Pour vous j'ai fui l'honneur,
Pour vous perdu mon cœur !
Pourrais-je sans horreur
Répondre au nom d'amie !
Perfide, en votre orgueil,
Franchissez-vous ce seuil
Pour confondre, en son deuil,
Celle par vous trahie ?

BENVENUTO.

O funestes égarements !
Dieu désarme votre colère !

PASILÉA.

Qu'il punisse les faux serments !

BENVENUTO, se disposant à partir.

Hélas ! qu'il vous éclaire !

PASILÉA.

Ah ! ne me quittez pas !
Je pardonne... j'oublie,
Vous adjure et supplie !...
C'est pour moi la folie,
C'est pour moi le trépas !

BENVENUTO.

N'enchaînez plus mes pas,
C'est moi qui vous supplie
Auprès de vous j'oublie
Le devoir qui me lie.
Ne me retenez pas !

ENSEMBLE.

PASILÉA.	BENVENUTO.
Ah ! ne me quittez pas !	N'enchaînez plus mes pas,
Etc.	Etc.

PASILÉA, le retenant avec passion.

Je suis belle !... Je t'aime...

BENVENUTO, à part, cherchant à se dégager.

Ciel ! tous deux sauve-nous !

PASILÉA, avec entraînement.

A toi plus qu'à moi-même,
J'embrasse tes genoux !

BENVENUTO.

Que vois-je !

PASILÉA.

Je t'adore !

BENVENUTO.

O mon Dieu !

PASILÉA.

Tu faiblis...
Dans tes yeux je le lis,
Tu m'aimerais encore !

A part.

Et mon frère !... O terreur ! Empêchons ce forfait.

Elle s'élance vers l'escalier.

BENVENUTO, la retenant au bas de l'escalier.

Quel est votre projet ?

PASILÉA.

Je veux préserver votre tête !

BENVENUTO.

A me frapper qui donc s'apprête ?

PASILÉA.

N'enchaînez plus mes pas,
C'est moi qui vous supplie !
Auprès de vous j'oublie
Le serment qui me lie.
Ne me retenez pas !

BENVENUTO, ramenant Pasiléa avec force sur le devant
de la scène.

Esprit du mal, sous la beauté céleste,
Je te défie et suis maître de toi !...
Je brave le danger, s'il ne touche que moi !

PASILÉA, suppliante.

Benvenuto !

BENVENUTO.

Je reste !
Malheur, si ce complot, émané de l'enfer,
Dont la trame est par vous ourdie,
Menaçait le repos, la vie
De l'être qui m'est cher !

PASILÉA, avec une ironie cruelle.

De Delphe de Montsolm ?

BENVENUTO.

Mon unique pensée !

PASILÉA, à part, au comble de l'exaltation.

Dieu puissant !... Ma rivale !... Ah ! je fus insensée,
Ses regards sont pour elle et pour elle est sa foi !...
Je suis seule à souffrir... Vengeance, inspire-moi !

A Benvenuto.

Delphe !...

BENVENUTO.

Eh bien ?

PASILÉA.

A cette heure... elle a cessé de vivre.

Benvenuto chancelle. Pendant ce temps, Orazio et les Bolonais paraissent à la droite du théâtre, remontent la scène,
et sortent par le fond de la rue à gauche. Delphe, en costume de jeune homme, avec barrette et cape, les suit à
courte distance.

SCÈNE IV

LES MÊMES, DELPHE, s'appuyant contre la grille qui
sépare la rue des jardins.

DELPHE.

La force m'abandonne... et je ne peux les suivre.

ENSEMBLE.

BENVENUTO, à Pasiléa, avec égarement.	DELPHE, les mains jointes.
Horreur ! monstre inhumain ! Ah !... s'il est vrai !... Tigresse, Vous mourrez de ma main, De ma main vengeresse !	Dieu, tu sais leurs desseins ; Et tu vois ma faiblesse, Sauve-le de leurs mains, Pitié pour ma détresse !
Il met l'épée à la main, quand il voit Orazio et les Bolo-nais entrer dans les jardins par le fond à gauche.	A ce moment, Pompeo paraît à la droite du théâtre et va à la porte dérobée qu'il ouvre.

POMPEO, à Delphe qu'il croit un de ses compagnons.

Hésiter c'est trahir !... Allons... Marche avec nous !

Il l'entraîne avec lui dans les jardins. La porte dérobée se referme sur eux.

SCENE V

Les Mêmes, POMPEO, ORAZIO, LES BOLO-NAIS, dans le fond.

POMPEO, sombre et décidé, à Benvenuto.

Vous !... le fer à la main !... A quoi prétendez-vous ?

BENVENUTO.

Ah ! je prétends venger l'innocente victime
De vos noirs attentats,
Laver dans votre sang la trahison, le crime
Et vos assassinats,
Traîtres qui dans ce lieu m'attirez sans défense
Pour me donner la mort !

POMPEO, l'épée à la main.

Dans mes mains est ton sort !

Aux Bolonais.

Mes amis, dégainez !

Leur montrant Pasiléa presque évanouie.

Protégez-la...

TOUS, Pasiléa exceptée.

Vengeance !!

ENSEMBLE.

ORAZIO, LES BOLONAIS, tenant leurs épées nues. A Pompeo.	DELPHE, à part.
De son cruel dédain Punis la hardiesse. Qu'il meure de ta main, De ta main vengeresse !	Dieu, tu sais leurs desseins; Et tu vois ma faiblesse, Sauve-le de leurs mains, Pitié pour ma détresse !

POMPEO, ORAZIO, s'élançant sur Benvenuto, l'épée haute.

Qu'il meure par nos mains !

DELPHE, à part.

O Seigneur !

BENVENUTO, se défendant.

Assassins !

DELPHE, se jette au milieu des combattants, le visage découvert.

Insensés !

POMPEO, reconnaissant Delphe.

Trahison !

DELPHE, étreignant Benvenuto.

Mon époux !

BENVENUTO, ferraillant, à Delphe, en l'éloignant.
Téméraire !

PASILÉA, avec emportement.

Ma rivale !

POMPEO, atteint mortellement par Benvenuto.

Je meurs...

PASILÉA, aux Bolonais.

Frappez ! vengez mon frère !

Ah ! frappez-les tous deux !

POMPEO, soutenu par des Bolonais, à Benvenuto.

Tu triomphes, maudit !... mais ta perte est certaine !

A Pasiléa.

Venge-toi... venge-nous... assouvis notre haine !

PASILÉA.

Hélas !... malheur affreux !

Elle accompagne Pompeo mourant que ses amis entraînent hors de scène par la gauche.

Pendant ce temps, Benvenuto opère sa retraite: il a vu le passage de la petite porte gardé par Orazio et les siens; il gagne à reculons l'escalier et en gravit les marches, soutenant du bras gauche Delphe défaillante, et tenant avec son épée les Bolonais en échec.

ORAZIO, à quelques-uns de ses complices.

Occupez la sortie et fermez-lui la rue.

Ils sortent en courant par le fond des jardins, à gauche.

BENVENUTO, à Delphe, montrant la galerie.

Comment leur échapper ? Il n'est point là d'issue !

DELPHE.

Seigneur, viens à notre aide en ce suprême instant !

BENVENUTO, saisissant son manteau sur la balustrade, et l'accrochant au balcon, à l'extrémité droite de la galerie.

Le Seigneur est pour nous !

ORAZIO, *montant l'escalier avec les autres complices pour couper la retraite de Benvenuto.*

> Par l'Enfer !...

BENVENUTO, *à Orazio qui l'attaque.*

> Il t'attend !

Il frappe Orazio qui tombe. Les Bolonais le soutiennent et l'entraînent par la gauche de la galerie. Benvenuto profite de leur trouble et de leur sortie pour enjamber le balcon avec Delphe et se laisser glisser dans la rue; puis ils gagnent le devant de la scène, côté droit.

SCÈNE VI

PASILÉA, BENVENUTO, DELPHE.

ENSEMBLE.

PASILÉA, *au comble de la douleur.*

> Ah!... je le jure !
> Si l'on mesure
> La haine au crime... hélas !
> Peut-elle être assouvie ?
> Je consacre ma vie
> A venger son trépas !

DELPHE, *avec effroi.*

> Ils sont en nombre ;
> Mon Dieu, dans l'ombre
> Ils vont t'assassiner !
> Redoute leur vengeance !
> Ah! fuis, pars de Florence!

BENVENUTO.

> Qui? moi, t'abandonner !

DELPHE.

> Fuis... pars sans moi !...

BENVENUTO.

> Chère âme !...

PASILÉA.

Mort !... Il est mort ! Vengeance !!

Elle sort par le fond des jardins.

DELPHE, à Benvenuto.

Ecoute !... On vient !

BENVENUTO, montant, puis redescendant la scène.

La flamme
De la Porte Romaine est tout ce que je vois.

DELPHE.

Eh bien... pars, mon époux! je le veux... tu le dois !

BENVENUTO.

Partir !

DELPHE.

Eloigne-toi !

BENVENUTO.

Te quittér !

DELPHE.

Fuis, de grâce,
Plus tard je te suivrai !

BENVENUTO.

Non...

DELPHE.

Pitié, l'heure passe !

* Passage supprimé jusqu'au signe.]

BENVENUTO.

Que m'importe mon sort,
Tu m'aimes !...

DELPHE.

Ciel !

BENVENUTO.

Ma vie,

Je la leur sacrifie ;
Te quitter, c'est la mort !

DELPHE.

Le malheureux oublie
Que rester, c'est la mort !

Ensemble.

SCÈNE VII

LES MÊMES, DE MONTSOLM, domestiques de sa
maison portant des torches.

SCÈNE ET TRIO.

DELPHE, avec terreur.

Qui vient là !

Reconnaissant de Montsolm.

Mon père ! Ah !... me pardonnerez-vous !...

DE MONTSOLM, menaçant.

Des forcenés que la vengeance anime,
Soulèvent tout Florence au bruit d'un double crime.
Ils vont de Médicis allumer le courroux !

DELPHE, à Benvenuto, désignant son père.

Il entendra ma voix, il séchera mes larmes ;
J'obtiendrai le pardon !...

DE MONTSOLM, prêtant l'oreille avec inquiétude.

Le guet !... le bruit des armes !...

DELPHE, à Benvenuto.

Si vous restez, je meurs et m'immole à vos yeux !
Au nom du Dieu suprême !...

DE MONTSOLM, voyant chanceler sa fille. A Benvenuto.

Ah ! fuyez !!.. Je le veux !

BENVENUTO, à Delphe, en lui désignant son père.

Eh bien, que sa douleur soit par vous dissipée...
A vous, mon amour et ma foi,
J'aurai l'honneur et Dieu pour moi !...
Sors du fourreau, ma bonne épée !

Il met l'épée à la main et s'élance au-devant du guet qu'on
entend au fond du théâtre. Delphe s'évanouit dans les bras
de son père.

Rideau.

———

ACTE III

Le théâtre représente une salle basse au château Sant'Agnolo à Rome. Une grille à droite, la couche du prisonnier à gauche. Demi-clarté du jour.

SCÈNE PREMIÈRE

BENVENUTO.

RÉCITATIF ET AIR.

Combien de fois au jour a succédé la nuit?...
Moi, prisonnier dans Rome!... En vain, fuyant Florence,
Du vicaire du Christ j'implorai l'assistance!
Jusqu'aux pieds de Faul-Trois Médicis me poursuit!...
Delphe!... Pasiléa!... Terrible inquiétude!
Ah! ma raison s'égare en cette solitude!

*[Mon Dieu! de sombres visions
De mes esprits obscurcissent la flamme;
    Mon art, mes inspirations,
  Mes facultés, les élans de mon âme,
    L'amour, le nom de Cellini,
  Ce qui m'honore et ce que j'aime

* Passage supprimé jusqu'au signe

Va donc s'éteindre en cet instant suprême ?
Du monde des vivants la haine m'a banni !

> Avec égarement.

O Terre, adieu ! L'Infini me réclame !...
J'entends vos voix, divins chantres du Ciel...
  Envolez-vous, mon âme,
Au séjour du génie, au séjour éternel !   ]

  De l'art splendeur immortelle,
  Rayons à peine entrevus,
  Mes yeux ne vous verront plus.
   Seigneur, je t'appelle,
   Courbé sous ta loi,
   J'invoque pour moi
   Ta grâce éternelle.
  Seigneur, pitié pour moi !
  Ah ! rends-moi la patrie
  Et ma Delphe et la vie !
  Amours, rêves entrevus,
  Mes yeux ne vous verront plus !

> Il s'affaisse sur sa couche, la tête perdue.

SCÈNE II

VISION DE BENVENUTO.

Le fond de la prison disparaît. On aperçoit un superbe palais
Renaissance inachevé. Entre les colonnes de porphyre,
s'élève une fonderie fantastique dans laquelle des métaux
précieux sont en fusion. Sur la rampe qui la contourne,
des êtres surnaturels courent et précipitent de la fonte
incandescente dans l'orifice d'un moule dont la base semble être dans les dessous du palais.
Benvenuto, sous l'influence de l'hallucination poétique qu'il

subit, se lève et suit des yeux l'opération de la fonte de
l'une de ses œuvres. Tout à coup, sous la pression des
métaux en fusion, le moule se brise et de ses flancs sort la
statue, Vénus, principe de la Beauté éternelle. L'artiste
se prosterne aux pieds de la déesse. Peu à peu, à ses arden-
tes supplications, la surface métallique disparaît, la vie
l'anime.

BENVENUTO.

Prodige !... l'horizon brille... astre radieux !...
Es-tu mortelle ?... Non ! C'est la Beauté sacrée,
C'est l'incarnat divin sous la blancheur nacrée,
C'est Vénus !... je t'implore, enchantement des cieux !
 Ah ! parle-moi ! Vers toi ma voix s'élève...
 Vénus, Vénus, non, ce n'est pas un rêve !
  C'est donc vrai ?... tu m'entends !
 Mes vœux, l'espoir en de nouveaux printemps
  Renaîtront plus ardents
 Par toi portés aux pieds des Dieux puissants !
  Ah ! Vénus, je t'implore !
* [Viens rendre au prisonnier le doux éclat du jour.
On a versé la nuit à qui buvait l'aurore.
  Mon cœur doit battre encore
Aux œuvres du génie, aux paroles d'amour !
Déesse, sois clémente !... Ah ! Vénus, je t'implore.]

Sur un signe de Vénus, les nymphes paraissent et viennent
amoureusement enlacer Benvenuto.

DIVERTISSEMENT.

Subitement, en pleine extase, la vision cesse ; le mur de la
prison reprend sa place et Benvenuto retombe sur sa couche, en proie au délire.

* Passage supprimé jusqu'au signe]

SCÈNE II (*bis*). *

[BENVENUTO, L'OMBRE DE POMPEO

L'ombre de Pompeo paraît au fond. Elle s'avance dans un
rayon de lumière.

BENVENUTO.

Que vois-je!... Ombre terrible... Ah ! ton aspect m'accable

L'OMBRE.

Benvenuto !

BENVENUTO, se redressant avec terreur.

C'est lui !... Dieu secourable !

L'OMBRE.

Me connais-tu ?

BENVENUTO.

Va, cruel ennemi
Que l'enfer a vomi
Dans un souffle de colère,
Prends pitié de ma misère ;
Arrache-moi de la terre
Où je n'ai que gémi !

L'OMBRE.

Ton nom a résonné trois fois aux rives sombres.
La mort ne suffit pas ; ton crime est impuni,
Tu viendras l'expier au royaume des ombres.

* Scène non mise en musique. Aller à la scène III, page 43.

BENVENUTO, à part.

O Seigneur ! ô clémence ! ô pouvoir infini !

L'OMBRE.

L'éternelle Justice
Te voue au châtiment.
Meurtrier, ton supplice
S'apprête en ce moment.

Les voix d'êtres invisibles se font entendre ; elles répètent

CHŒUR INVISIBLE.

L'éternelle Justice
Te voue au châtiment.
Meurtrier, ton supplice
S'apprête en ce moment.

BENVENUTO.

Leur sinistre vengeance
M'attend au-delà du trépas ;
Ciel, à ma délivrance
Tes anges ne suffiraient pas !

Ensemble.

L'OMBRE.

Vers nous le Destin t'entraîne,
Oui, ton dernier jour est compté.

BENVENUTO, résolument.

Briser sa terrestre chaîne,
C'est vivre dans la liberté !

L'OMBRE, à Benvenuto, dont les forces s'épuisent peu à
peu, à mesure qu'il entend la prédiction de l'Ombre.

Ton nom, d'exécrable mémoire,
Nul mortel ne le portera.

Tu vécus pour l'amour, la gloire,
Là surtout ton cœur saignera :
Tes œuvres les plus chères
Disparaîtront un jour,
Et ton funeste amour
Conduit fatalement celle que tu préfères
A la mort !

BENVENUTO.

Delphe ?... O douleurs !
Ma Delphe !... mon art !... Je meurs.

L'ombre de Pompeo disparaît.

SCÈNE III

BENVENUTO, COVERSINI, évêque de Jesi, DE
CAGLI, ARQUEBUSIERS, entrant par la grille, à droite.

TRIO.

COVERSINI, désignant le prisonnier à de Cagli.

Il est là.

A Benvenuto.

Cellini, le chef de la justice !

BENVENUTO, se redressant.

Qui parle de justice au fond de ce tombeau ?

A Coversini.

Venez-vous me chercher pour le dernier supplice
Je demandais un juge, on me donne un bourreau !

DE CAGLI, à part.

Infortuné jeune homme !

S'avançant.

Ton juge, le voici !

Désignant Coversini.

Le gouverneur de Rome,
Monseigneur de Jesi,
Du Grand-Duc de Florence
A reçu le rapport.
Les témoins entendus ont, jusqu'à l'évidence,
Prouvé le noir forfait qui te mène à la mort.

BENVENUTO.

Se saisir d'un proscrit, condamner sans entendre,
Voilà donc la justice... et jusqu'où peut descendre
       Un prélat trop craintif
Que Médicis émeut par sa puissance vaine !

DE CAGLI.

Imprudent !...

COVERSINI.

Quelle injure !...

DE CAGLI, aux gardes.

         Enchaînez le captif !

COVERSINI, aux gardes.

Arrêtez !

DE CAGLI et COVERSINI.

Repens-toi !

BENVENUTO.

     Sur ces mains une chaîne ;
A ces mains qui dans l'or et le marbre et l'airain

Ont fait couler la vie,
La marque d'infamie !...

COVERSINI.

Elles ont, meurtrier, versé le sang humain.

BENVENUTO.

Oh ! je n'ai point commis le crime ;
Ma défense était légitime,
J'en fais le serment sur la Foi !
Ah ! ces tyrans que Dieu tolère
Que d'innocents, dans leur colère,
Ils ont condamnés comme moi !

COVERSINI et DE CAGLI.

Abaisse ton orgueil farouche !
Que la grâce du Ciel te touche,
Coupable, qu'atteindra la Loi !
Insensé, ta fureur appelle
La mort plus prompte et plus cruelle :
Le glaive est suspendu sur toi.

ENSEMBLE.

BENVENUTO.

Ah ! ces tyrans que Dieu tolère
Que d'innocents, dans leur colère,
Ils ont condamnés comme moi !

COVERSINI et DE CAGLI.

Insensé, ta fureur appelle
La mort plus prompte et plus cruelle :
Le glaive est suspendu sur toi.

DE CAGLI.

Ces tyrans connaîtront tes paroles sinistres.

BENVENUTO.

Anathème sur eux et sur vous, leurs ministres !...

* [Et portez à Paul-Trois, le Pontife géant
Qui tient le monde en mains des sommets à l'abîme,
La malédiction de l'artiste mourant.
Que retombe sur lui le sang de sa victime !   ]

DE CAGLI.

C'est ton arrêt de mort !

BENVENUTO, au comble de l'exaltation.

Ah ! Delphe, loin de toi que m'importe mon sort !
        Toi que j'aime,
      Reçois mon adieu suprême.
    Je t'ai perdue !... A moi la mort !

COVERSINI et DE CAGLI.

Ensemble. C'est ton arrêt de mort !

* Passage supprimé jusqu'au signe]

Rideau.

ACTE IV

La salle d'honneur au château Sant' Agnolo, à Rome. A droite, la porte principale. A gauche, une riche tenture masque une porte qui communique avec les appartements. Au fond, au travers de grandes arcades à jour donnant sur une terrasse, la vue de Rome à vol d'oiseau et le cours du Tibre qu'éclaire un soleil resplendissant.

SCÈNE PREMIÈRE

DELPHE, entrant précipitamment par la porte de droite suivie de DE MONTSOLM, dont le costume est celui des seigneurs de François Ier.

DELPHE, tendant à son père un papier qu'elle presse sur ses lèvres.

C'est de Benvenuto ! De grâce, intervenez !...
Il en est temps encore... Oh ! par pitié, venez !
   Elle se dirige vers la porte de gauche.

DE MONTSOLM, montrant le papier que Delphe tient.

Cet écrit...

DELPHE.

Cet adieu suprême,
Un messager mystérieux

Me l'a remis devant vous-même.

> Elle couvre le billet de ses baisers.

Obtenez qu'on révoque un arrêt odieux !

DE MONTSOLM.

Inutiles efforts !... La Lettre qui me nomme
     Ambassadeur du Roi de France à Rome
       Est impuissante à protéger
       L'infortune en un tel danger !

DELPHE, suppliante.

    Que mes larmes, sa détresse,
    Tant d'amour, tant de malheur
    Attendrissent votre cœur ;
    Rendez-nous votre tendresse ;
Pour lui, pour moi, par seule humanité,
Sauvez ses jours, sinon sa liberté !

> Elle entraîne de Montsolm jusqu'à la porte de gauche dont
> elle soulève la tenture. Paraît Pasiléa, vêtue de noir.

SCÈNE II

LES MÊMES, PASILÉA.

TRIO.

DELPHE, reculant à la vue de Pasiléa.

Il est perdu !... perdu ! Ma rivale est à Rome !

DE MONTSOLM, à Delphe.

Quelle est donc cette femme ?

DELPHE, avec un cri d'effroi.

> Ah !... la Haine !

DE MONTSOLM.

> On la nomme ?

DELPHE.

Pasiléa.

DE MONTSOLM.

> Grand Dieu !

PASILÉA, à Delphe, avec une joie sombre.

> Monseigneur de Jesi
> Préside le Conseil ; il va se rendre ici.

DELPHE, à de Montsolm, avec angoisse.

Les instants sont comptés !...

PASILÉA.

> La justice est trop lente !...

DELPHE.

> A ses accents,
> Un frisson d'épouvante
> Glace mes sens.

DE MONTSOLM, à Pasiléa.

Votre front nous présage
De sinistres arrêts.

DELPHE, à Pasiléa.

Sa mort est votre ouvrage,
Je le lis dans vos traits.

PASILÉA, à de Montsolm et à Delphe.

J'aurais donc sous mes yeux vu massacrer mon frère ;
    J'aurais senti s'exhaler sous ma main
Le souffle frémissant d'une bouche si chère,
Et fait serment de mort en fermant sa paupière,
    Pour m'attendrir sur l'assassin !

DE MONTSOLM.

    Votre fureur insensée,
    Un tel ressentiment
    Trahissent votre pensée !...

DELPHE.

    Oui, la femme offensée,
    L'amante délaissée
Veulent dans l'assassin frapper...

DE MONTSOLM.

                    ...Surtout l'amant !

PASILÉA, avec menace.

Vous me comprendrez tout entière
    Avant la fin du jour !
                Levant les mains au ciel, et à part.
Ciel, tu pardonneras à ma main meurtrière :
Ils ont pétri de haine une âme tout amour !

DELPHE.

Ainsi vous invoquez...

PASILÉA.

    Le Ciel et la vengeance.

DE MONTSOLM.

Le Ciel est contre vous...

PASILÉA.

Mais non ma conscience.

DE MONTSOLM.

Il est pour l'innocent qu'il voudra protéger.

PASILÉA.

Il est pour la victime... Il saura la venger !

DE MONTSOLM, PASILÉA, DELPHE, avec animation.

O justice éternelle,
Refuge des persécutés,
L'infortune t'appelle !
Intercède pour elle,
Et répands sur l'erreur tes divines clartés !

SCÈNE III

LES MÊMES, CARDINAUX, SEIGNEURS, GENTILS-
HOMMES, paraissent au fond sur la terrasse et entrent en
scène par les grandes arcades, COVERSINI, ÉVÊ-
QUE DE JESI et DE CAGLI, suivis des massiers
et des camériers, par la porte de gauche.

CHŒUR des cardinaux, seigneurs et gentilshommes. A
Coversini.

Loin de ces murs écartez la tempête,
Seigneur, le peuple est en émoi ;

Pour Cellini la jeunesse s'apprête
A tout braver, vous-même !

CoVERSINI.

Moi !

Quel insensé veut, au prix de sa tête,
Résister au juge, à la Loi ?

DE CAGLI, prêtant l'oreille, à droite.

Écoutez !

PASILÉA, s'approchant de Coversini.

Ces rumeurs !...

DE CAGLI, allant vers la porte de droite.

Qui donc de cette enceinte
Ose franchir le seuil ?

COVERSINI, à Pasiléa.

Bannissez toute crainte.

Les chefs de quartier entrent par la porte de droite, suivis
d'hommes et de femmes du peuple.

COVERSINI, avec étonnement.

Quoi ! les chefs de quartier !...

LES CHEFS DE QUARTIER, à Coversini.

Au nom de la faveur que l'État nous accorde,
Au nom du peuple tout entier,
Dont l'effervescence déborde,
Nous demandons miséricorde ;
Seigneur, sauvez le prisonnier !

LE PEUPLE, répétant.

Nous demandons miséricorde ;
Seigneur, sauvez le prisonnier !

PASILÉA, à Coversini.

Oh ! justice !

DELPHE, à Coversini.

Pitié !

DE MONTSOLM, de même.

S'il faut à leur instance
Joindre ma voix, mes vœux et les vœux de la France ;
S'il fallait de mon Prince...

COVERSINI.

Hélas ! et vous aussi,

Messire ?

Sons lointains d'une cloche.

DE CAGLI, bas à Coversini.

C'est l'instant !.. ni pitié, ni merci !

Il sort à gauche.

DELPHE, à de Montsolm qui veut suivre de Cagli.

Ah ! ne me quittez pas, mon père,
Je me sens défaillir !

DE MONTSOLM, voyant chanceler sa fille.

Ciel ! à l'aide !

PASILÉA, à part, avec surprise.

Déjà !

Tous, Pasiléa exceptée, s'empressent autour de Delphe.

COVERSINI, à Delphe, avec bonté.

Qui vous fait tressaillir ?
Vous tremblez à ma vue !

DE MONTSOLM, bas à Delphe.

Espère !

DELPHE, inclinée devant Coversini.

Grâce pour Cellini, Seigneur,
Grâce pour son génie !
Grâce pour mon époux, conservez-lui la vie !

PASILÉA, à Coversini.

Oh ! justice ! justice ! au nom du Dieu vengeur.

DELPHE.

Sous un trouble inconnu je faiblis... je succombe ;
Cédez au cri de grâce échappé de la tombe !

COVERSINI, les mains levées.

Que faire ?...

DE MONTSOLM, soulevant sa fille.

Mon enfant !

TOUS.

Grâce pour Cellini !

Benvenuto paraît au fond, suivi des Arquebusiers.

COVERSINI.

Mortelle angoisse !...

Avec résolution.

Eh bien... qu'il soit banni !

BENVENUTO, *s'élançant vers Delphe qui s'est relevée.*

Banni !... Ma Delphe ! Ah ! que viens-je d'apprendre ?

DELPHE.

Adieu.

BENVENUTO.

Qu'entends-je ?

DELPHE.

A notre amour si tendre
Que bientôt consacrait l'autel
Les archanges semblent sourire !
Ils me transportent en délire
Jusqu'aux degrés du Ciel !

BENVENUTO.

Mon cœur se brise !

DE MONTSOLM.

Hélas ! douleur suprême !

DELPHE, *donnant à Benvenuto un billet qu'elle tire de son corsage, et qu'elle presse une dernière fois sur ses lèvres.*

Couverts de mes baisers, inondés de mes pleurs,
Mots tracés par sa main, dites-lui que je l'aime !

Comprimant sa poitrine.

Quel feu !...

BENVENUTO, à part.

Soupçon terrible !

DELPHE.

A moi !

BENVENUTO.

Ma Delphe!...

PASILÉA, à part.

Meurs !

Delphe tombe évanouie à droite de la scène dans les bras de De Montsolm, que Coversini et les Seigneurs s'empressent d'entourer. Ce mouvement isole à gauche Pasiléa attentive et impassible. Benvenuto, au comble de la douleur, se penche sur le visage de Delphe, puis, ses regards s'abaissant sur le billet qu'elle lui a remis, un cri d'angoisse s'échappe de sa poitrine, un éclair traverse sa pensée. Il semble tout comprendre ; il se dresse muet, l'œil en feu, devant Pasiléa, en lui présentant l'écrit.

PASILÉA, à Benvenuto, avec hauteur.

Le Ciel juge entre nous !

BENVENUTO, entraînant Pasiléa qui résiste, vers Delphe.

Contemple ta victime !
A Coversini, en lui remettant le billet.

Ah ! Monseigneur !

TOUS.

Parlez !

BENVENUTO, à Coversini.

Epouvantable crime !...

Il indique Pasiléa.

Ces traits sont de sa main... Ce papier... trahison !
... Sur les lèvres de Delphe apportait le poison !

DE MONTSOLM.

Que dit-il !...

COVERSINI.

Un tel crime !...

LE PEUPLE.

Au bûcher qu'on la traîne !

PASILÉA, *levant les bras au ciel.*

Je t'ai vengé, mon père... Intercède pour moi !

Sur un signe de Coversini, les Arquebusiers s'avancent vers Pasiléa.

LE PEUPLE, *s'approche, menaçant.*

Au bûcher qu'on la traîne !

PASILÉA, *à Benvenuto.*

Proscrit ! je l'emporte sur toi :
Je me suis fait justice... et j'échappe à ta haine !...

Elle se frappe d'un poignard.

Ah ! mes destins sont plus doux que les tiens !

Elle tombe. Mouvement général.

BENVENUTO.

Ciel !... prends-pitié de nous !...

A Delphe, en la soutenant de ses bras.

Reviens à toi... reviens...

DELPHE, se ranimant par degrés, pendant que Pasiléa, muette, menaçante encore, se redresse et meurt.

Je vivrai, je le sens... Je renais, je respire !...

BENVENUTO.

Sur la terre d'exil que ton amour m'inspire !

DELPHE, avec une ardeur croissante.

Sur la terre d'exil que mon amour t'inspire !...
France, qui nous attends...

BENVENUTO, transporté.

France, je t'appartiens !

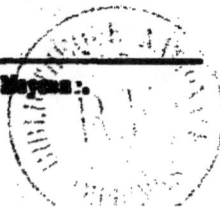

Imprimerie de l'Ouest, A. NEZAN, Nogent.

www.ingramcontent.com/pod-product-compliance
Lightning Source LLC
LaVergne TN
LVHW022027080426
835513LV00009B/903